SIGNOLÉGIE

OU

MÉTHODE FACILE

DE PRONONCIATION

ET

DE LECTURE

A l'aide d'un système simple et raisonné de quelques signes, mis à la portée des intelligences les plus ordinaires,

POUR APPRENDRE A BIEN LIRE

EN FORT PEU DE TEMPS

Dans chacune des six Langues française, latine, anglaise, allemande, espagnole et italienne.

Par P. MARIE

Principal honoraire, Officier de l'Instruction publique, chargé de l'enseignement de l'anglais au Petit-Séminaire de Toulouse.

Vite et bien.

TOULOUSE
TYPOGRAPHIE DE J.-M. BAYLAC
1, RUE DU MAY, 1

1875

SIGNOLÉGIE

OU

MÉTHODE FACILE

DE PRONONCIATION

ET

DE LECTURE

A l'aide d'un système simple et raisonné de quelques signes, mis à la portée des intelligences les plus ordinaires,

POUR APPRENDRE A BIEN LIRE

EN FORT PEU DE TEMPS

Dans chacune des six Langues française, latine, anglaise, allemande, espagnole et italienne.

Par P. MARIE

Principal honoraire, Officier de l'Instruction publique, chargé de l'enseignement de l'anglais au Petit-Séminaire de Toulouse.

Vite et bien.

TOULOUSE
TYPOGRAPHIE DE J.-M. BAYLAC
1, RUE DU MAY, 1

1875

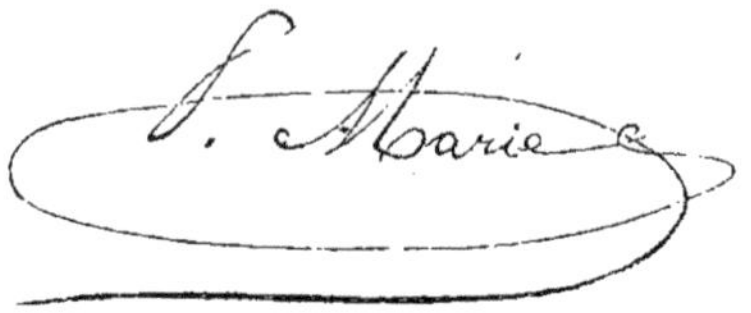

N. B. Si quelque auteur ou éditeur d'ouvrages didactiques (grammaires, dictionnaires, etc.), désire y appliquer ce nouveau système de prononciation, l'autorisation en sera donnée, moyennant une convention particulière, et à la condition de faire figurer la griffe ci-dessus en tête de ces ouvrages.

Dans le cas où l'on ne se déciderait pas tout d'abord à employer les signes dans le texte, on pourrait commencer par joindre à chaque exemplaire d'un ouvrage quelconque le tableau revêtu de cette griffe. Ce serait déjà, pour les élèves, un guide sûr dans l'application qu'ils feraient eux-mêmes de cette Méthode si facile, si simple, aidés surtout par les conseils de leur professeur ou de toute autre personne intelligente, et par les indications que fournissent déjà certains dictionnaires, ainsi que les Traités spéciaux de prononciation figurée.

Il sera fait usage, dans une nouvelle édition de cette brochure, de signes plus petits, mieux en rapport avec la grosseur des caractères du texte.

Avec cette Méthode, toute personne sachant lire peut très-facilement l'enseigner elle-même à d'autres, et leur procurer, à coup sûr et promptement, une prononciation parfaitement correcte.

MÉTHODE FACILE

DE PRONONCIATION ET DE LECTURE

LANGUE FRANÇAISE

Dans son grand Dictionnaire de la langue française, M. Bescherelle, après avoir démontré l'avantage des accents pour la prononciation de la lettre *e*, ajoute :

« Il est fâcheux que cette lettre ne soit pas toujours » surmontée de son accent, puisque sans l'accentuation le » signe est incomplet, et qu'on ne sait plus reconnaître » la prononciation de l'*e* du dernier mot des deux phrases » suivantes :

Cet homme est fier.
A qui peut-on se fier ?

Ce regret, tout le monde assurément l'éprouve, ainsi que M. Bescherelle, et pour des milliers de cas semblables à celui que nous venons de reproduire. Quel est en effet le moyen, pour un lecteur non longuement exercé, de reconnaître la prononciation de cette même *lettre e* dans les mots *trouver*, *ver*, *entier*, *entiers*, un *tiers*, *complet*, *complets*, *souvent*, ils *sauvent*, *moyen*, *moyenne*, *moyennant*, *mentor*, *mentir*, *amende;* des deux lettres *eu* dans *heureux*, *heurter;* des deux lettres *ou* dans *bout*, *boue*, *tout*, *toujours;* des lettres *ai* dans *aimai*, *aimait*, *aimaient*, *faire*, *faisant*, *faisaient;* de la lettre *f* dans *bœuf*, *bœufs*, *neuf* personnes, *neuf* amis ; de l'*h* dans *héros*, *héroïsme;* de l'*s* dans *saison*, *sonore;* du *t* dans *action*, *mixtion*, *nation*, *tentation*; de l'*x* dans *six* amis, *six* frères, *sixième, soixante, exercice, extrême, excellence, excuse, etc., etc.*

Après ces citations, que nous pourrions multiplier à l'infini, personne ne sera surpris de voir, en tête d'une des nombreuses méthodes de lecture suivies dans nos écoles françaises, cette pensée :

« Quiconque sait lire, sait l'art le plus difficile, s'il l'a appris par la méthode vulgaire. »

Et combien peu de personnes le possèdent, cet art difficile, même après un nombre considérable d'années de l'enfance, de la jeunesse, dépensées à l'acquérir! Combien peu surtout réussissent à se faire une prononciation, nous ne dirons pas excellente, mais passable, non-seulement dans les campagnes, mais encore dans les villes, où règne le plus souvent l'habitude si funeste d'un patois plus ou moins grossier, souvent tout à fait inintelligible d'une province à une autre.

Nous avons donc pensé qu'il pourrait ne pas être sans quelque utilité de joindre nos efforts à ceux qui sont tentés depuis longtemps par des hommes expérimentés pour lutter contre ces difficultés énormes, qui ont coûté tant de larmes à l'enfance, pour les vaincre d'une manière aussi complète que possible, et nous avons cherché à simplifier cette étude de la lecture, qui est essentielle, indispensable pour tout le monde, à la rendre tout à la fois attrayante et facile, pour lui faire produire de prompts et sûrs résultats.

Dans une carrière de 40 années au service de l'Instruction publique, comme professeur des langues anciennes et des langues vivantes, comme Principal de collége pendant plus de 20 ans, comme membre d'un comité de surveillance des écoles primaires, ainsi que de plusieurs commissions d'examen pour les brevets de capacité, nous avons eu bien souvent l'occasion, le devoir d'étudier les diverses méthodes d'enseignement; et cette étude, presque constante, appuyée sur des exercices pratiques successivement améliorés, nous n'osons pas dire perfectionnés, nous a fait trouver un système que nous croyons de nature à conduire promptement et facilement au but proposé.

Ce système consiste dans l'emploi de quelques signes, dont nous donnons le tableau ci-dessous, combinés entre eux d'une manière tout à la fois simple et raisonnée, que nous pourrions en quelque sorte appeler *signes parlants,* car souvent, pour ne pas dire toujours, chacun de ces signes, par sa forme même, indique son objet, s'explique de lui-même si clairement que toute méprise est à peu près impossible.

De plus, nous plaçons constamment ces signes au-dessous des mots, de manière à n'en jamais changer ni embarrasser l'aspect, condition essentielle pour ne jamais présenter aux yeux de l'élève et graver dans sa mémoire que des images simples, vraies, et le mener ainsi tout naturellement à une application facile et sûre des règles de l'orthographe, qu'il apprend, presque sans effort, avec celles de la lecture et de la bonne prononciation; et cette disposition lui offre l'avantage précieux de se faire, pour ainsi dire, à lui-même, par moments, son propre professeur, de se questionner lui-même, de s'assurer de l'exactitude de ses réponses, puisqu'en couvrant momentanément les signes des sons, il ne conserve sous ses yeux que les mots non *imagés*, tels qu'il doit s'étudier à les lire et à les reproduire lui-même.

A plus forte raison cette disposition peut-elle aider, à coup sûr, tout père ou toute mère de famille, et toute autre personne, à diriger l'étude de l'élève, à seconder les efforts de l'instituteur, de l'institutrice, des professeurs, et par conséquent hâter d'une manière considérable les progrès de l'élève, contribuer à lui assurer une prononciation toujours correcte et pure, une lecture intelligible et régulièrement accentuée.

Nous sommes, par l'expérience que nous avons faite nous-mêmes de cette méthode, porté à penser que pour les personnes ayant déjà quelque connaissance, quelque habitude de la lecture, il suffirait de cinq ou six leçons pour corriger la prononciation même la plus mauvaise, et la convertir en une prononciation tout à fait régulière.

Nous allons donc exposer notre système avec toute la simplicité possible, afin d'en rendre immédiatement l'emploi facile pour tout le monde.

Les signes sont au nombre de *neuf*, rangés, dans le tableau résumé qui suit, par colonnes verticales A, B, C, et par colonnes horizontales 1re, 2e, 3e.

	A	B	C
1re	|	•	o
2[e]	/ \	.	( )
3[e]	∧	+	˘ ‒

A la rigueur, nous pourrions dire que notre système ne comprend que *trois* signes, ceux dont se compose la 1re colonne horizontale, c'est-à-dire la *ligne droite*, le *point* et le *cercle* ou *zéro*, puisque ceux des autres colonnes horizontales, la 2e et la 3e, ne sont que de légères modifications des trois premiers.

Le 1er signe de la colonne A est une *droite verticale*, dont nous nous servons pour séparer les syllabes d'un même mot; nous en tirons encore un autre parti, que nous expliquerons plus tard.

Le second et double signe (/ \) de cette même colonne correspond à l'accent aigu (/) et à l'accent grave (\ ); nous les plaçons sous les lettres que l'on doit prononcer, soit comme l'*é* fermé;

Exemples : *ro cher, pied, j'ai mai.*
| / / / /

soit comme l'*è* ouvert;

Exemples : *bro chet, ciel,* il *ai me.*
| \ \ \

Saisissons l'occasion de faire une remarque, selon nous fort importante, à laquelle donne lieu l'accentuation différente de la première syllabe *ai* des deux mots *ai mai, ai me.*
/ / \

Nous ne pensons pas que cette distinction ait été faite jusqu'à ce jour, puisque généralement le même signe *è* indique, dans les dictionnaires, la prononciation des verbes *aimer, aider*, etc., etc., dans toute leur étendue indistinctement, et cependant n'est-il pas logique d'appliquer à cette syllabe initiale *ai*, qui correspond exactement à l'*é* fermé, le même principe qui est avec raison recommandé pour les verbes terminés en *éder*, *éler*, *émer*, *éter*, dans lesquels l'*e* qui précède les consonnes *d*, *l*, *m*, *t*, est ouvert lorsque ces consonnes sont suivies d'un *e* muet, je *cède*, je *révèle*, etc. ; mais toujours fermé dans les autres cas, il *céda*, il *révélait*, etc. ?

N'est-il pas logique de prononcer de même il *aima*, il *aimait*, tandis que l'on prononce, au contraire, il *aime*, ils *aiment*, à cause de la syllabe muette *me*.

Nous croyons devoir insister sur l'importance de cette question, appliquée généralement aux deux sons si différents de l'*é* fermé et de l'*è* ouvert, parce qu'un des plus grands défauts de la prononciation consiste précisément dans le peu de soin que l'on met à faire sentir la différence de ces deux sons, qui se rencontrent dans presque toutes les phrases, dans la plupart des mots.

Le 3e signe (^) de la colonne A, composé de *deux* lignes qui sont *unies* à leur point de rencontre, représente *deux* sons distincts, prononcés par *une* seule émission de voix. Nous plaçons ce signe entre les deux voyelles du mot *moi*, que l'on prononce comme s'il était écrit *moa*, et nous ferons observer, comme moyen mnémotechnique, que cet angle ^ répond presque complètement à la forme A, qui, dans cette réunion des lettres *o i* est substituée, pour la prononciation, à la lettre I. Seulement, au lieu de maintenir à l'angle la position verticale, ^, dont nous aurons un besoin très-fréquent dans la langue anglaise pour désigner le son double *a ou*, nous inclinons ce signe dans l'accentuation française, et nous figurons, ainsi qu'il suit, les mots :

Moi, voix, doit, boira, boirait, boiraient.
< < < < < <

Nous passons maintenant à la seconde colonne B.

Le premier signe (le *gros* point) représente un son *fort,* parfois *dur,* toujours très-accentué. Exemple : *fat,* que l'on prononce comme s'il était écrit *fate*, semblable à *date* ; *sac, vient-il? vend-il ?*

Observons, d'après ce dernier exemple, que la consonne *d,* marquée d'un *gros* point, se prononce exactement comme le *t,* sa forte correspondante.

Le second signe (le *petit* point) représente, au contraire, un son *faible*, et sert souvent à marquer *l'adoucissement* d'une consonne forte, changée, pour la prononciation, en sa douce correspondante, comme cela a lieu dans les mots suivants : *raison*, que l'on prononce *raizon* (*z* au lieu de *s*) ; *neuf ans,* que l'on prononce *neuv ans* (*v* au lieu de *f*).

Laissons, pour un moment, le 3e signe de la colonne B, et passons immédiatement au 1er signe de la colonne C.

Ce signe (°), *cercle entier*, ou *zéro,* désigne tout naturellement un son *nul*, absence complète de son pour la lettre sous laquelle on le place, comme dans les mots *gigot*, *plomb*, *avez*, *ont*, *voix*.
o o o o o

Nous expliquerons plus tard dans quel cas plusieurs de ces lettres, signalées, dans ces exemples, comme ne devant pas être prononcées, recouvrent leur prononciation.

Le second et double signe, ( ), de cette colonne représente les sons *eu, ou,* simples comme ceux qu'expriment les voyelles *a, e, i, o, u, y.*

Le son *eu* est très-fréquent dans notre langue, et correspond parfaitement à celui de la lettre *e* dans les mots *ce, de, le, me,* etc., comme on le reconnaît dans ce membre de phrase : *le peu de feu.* Aussi n'est-ce point arbitrairement, par hasard, que nous avons adopté le signe (pour le représenter. Nous l'avons formé de cette même voyelle *e*, dont nous avons pris la partie principale, la *courbe* ou *demi-cercle*, qui la constitue aux trois quarts.

Nous portons ce signe (( ) entre les deux lettres *e u*, au-dessous, comme toujours ; nous le portons même sous la simple voyelle *e*, quand nous voulons indiquer le son demi-muet, qui est exactement le même que celui de *eu*, ainsi que nous venons de le constater par les quatre mots donnés pour exemple, et que nous figurons de cette manière :

Le peu de feu.
((((

(a) I. Le second son *ou* résulte de la combinaison des sons *o u*. Pour le figurer, nous prenons la seconde courbe ou le *demi-cercle à droite* du zéro, de la lettre *o* comme nous en avons pris la courbe ou demi-cercle

(a) A partir de cette page, nous portons des chiffres romains au commencement des alinéas pour le cas de renvois à cette brochure, dans les divers traités qui seront publiés ultérieurement.

à gauche pour le signe *eu*, et nous figurons, comme il suit, les mots : *ou, fou, mou, sou, loup, bout.*

I. Il serait sans doute facile de se rappeler ces deux sons *eu*, *ou*, tout aussi bien que ceux des simples voyelles ; mais nous verrons bientôt, à propos des voyelles longues, l'avantage que nous tirons de ce double signe.

II. Le troisième signe de la colonne C, *demi-cercle en bas*, sert à indiquer un son *bref*, comme dans les mots *artiste, béni, ordre, burin.*

III. Pour représenter un son long, nous nous servons de la ligne droite *horizontale* (-), comme dans les mots *art, bénir, or, bure.*

IV. Nous avons pris ces deux derniers signes (- ⌣) dans le système employé pour la désignation de la quantité des voyelles dans la *poésie latine,* suivant en cela l'exemple d'un certain nombre d'auteurs d'ouvrages (dictionnaires et grammaires) qui traitent de la prononciation des langues.

V. On a peut-être remarqué que nous n'avons point donné d'exemple pour la figuration de la voyelle *e*, longue ou brève; en voici la raison. Cette figuration ne peut avoir lieu que pour l'*é* fermé ou l'*è* ouvert, et comme nous avons un signe particulier pour ce double cas, l'accent aigu ou l'accent grave, nous nous bornons, comme moyen de simplification, à joindre à l'un ou à l'autre accent un *point*, qui désigne une prolongation de son, comme on fait dans l'*annotation musicale,* où l'on a établi en principe que le point placé à

côté d'une note quelconque l'augmente de la moitié de sa valeur (une noire pointée vaut une noire et demie, ou trois croches). Exemples : *nez*, *vers*.
/· ·\

I. Et pour rendre cette explication tout à fait palpable, nous allons reproduire le double exemple donné par M. Bescherelle, pour exprimer son regret de l'insuffisance du système actuel d'accentuation, en appliquant au mot *fier* notre nouveau système.

Cet homme est fier.
·\.

A qui peut-on se fier ?
./o

Nous n'avons pas besoin d'expliquer cette accentuation ; les signes l'expliquent d'eux-mêmes, et nous pouvons donner l'assurance que notre système est conçu de manière à lever ainsi toute difficulté pour les autres cas, multipliés à l'infini, dans lesquels le système actuel d'accentuation, suivi principalement dans les dictionnaires, est complètement insuffisant et souvent erroné.

II. Ajoutons, sur ce point en particulier, qu'avec notre règle de prolongation des sons à l'aide d'un point ajouté à un signe quelconque, nous pouvons figurer facilement la différence de son des mots suivants : le
jeu, *les jeux ; heureux ;* le *tout*, la *toux ;* la *voix*, la
((· ((·) ·) <
voie ; un *rocher*, des *rochers ;* le *secret*, les *secrets ;* il
<· / /· \ ·\
avait, tu *avais*, ils *avaient*.
\ ·\ ·\

Ces exemples justifient complètement, nous sommes porté à le croire, la création de nos signes pour les sons *eu*, *ou*, *oi*, etc.

I. Revenons maintenant, à l'occasion de ces mêmes exemples, à la question relative aux consonnes finales, tantôt *muettes*, tantôt *sonnantes*.

La consonne finale est *muette* devant un mot commençant par une consonne ou une *h* aspirée; *sonnante*, au contraire, devant un mot commençant par une voyelle ou une *h* muette; mais ce second cas n'est pas d'une application générale, et souvent une consonne finale ne sonne pas, même devant une voyelle ou une *h* muette; c'est une affaire d'oreille et de goût, que nous ne pouvons que signaler dans cet exposé, mais que nous traiterons plus au long dans une *méthode de lecture*, que nous nous proposons de publier bientôt, basée sur notre système d'accentuation.

Bornons-nous donc maintenant à indiquer le moyen de figurer les sons dans ce double cas.

II. Si la consonne finale est *muette*, nous la marquons d'un zéro, comme dans il *avait*, ils *venaient*.

III. Mais si elle est *sonnante*, nous la marquons du signe qui lui est propre, comme douce ou comme forte, par un petit ou un gros point, indiquant qu'elle doit être prononcée avec la voyelle initiale du mot suivant.

Exemples : j'*avais ordonné*, pron. j'*avai zordonné*.

il *avait ordonné*, pron. il *avai tordonné*.

Si la consonne finale *s* est après un *e*, muet ou à peu près muet, comme dans *pauvres*, cet *e* prend le son *eu*, et nous le figurons ainsi : *mes pauvres amis*.

I. Nous ferons encore une observation à l'occasion de ce dernier exemple, que nous allons reproduire :

Mes pauvres amis.

Les deux voyelles *au*, du mot *pauvre*, se prononcent exactement, réunies, de la même manière que la voyelle simple *o*. Faisant à cette nouvelle réunion de deux voyelles, qui produit un son simple, l'application du système d'après lequel nous désignons les sons *eu*, *ou*, par des demi-cercles, nous porterons sous les deux voyelles *au* le *demi-cercle en haut*, qui représentera en outre le son long, si nous y ajoutons un point. — Exemple : *étau*, *étaux*.

II. La ligne horizontale, mais un peu plus longue, nous sert encore à marquer les sons *nasals*, appelés ainsi, parce qu'on les prononce en partie du *nez*.

III. Il y a quatre sons nasals : *an*, *in*, *on*, *un*.
am, *im*, *om*, *um*.

IV. Nous les figurons en soulignant par un trait horizontal les consonnes *m*, *n*, qui les forment, avec la voyelle dont elles sont précédées.

Exemples : *Imbu*, *induction*; *ombrage*, *ondée*; *son*, *sont* (long).

V. Nous ferons observer que les syllabes *im*, *in*, dans les deux premiers exemples, ont exactement le même son; c'est la consonne dont elles sont suivies, qui en détermine le choix; il en est de même des syllabes *an*, *am* ; *on*, *om* ; *un*, *um*.

VI. Nous avons une remarque particulière à faire pour la syllabe *en*, qui se prononce tantôt *an*, tantôt *in*.

1° *In*, ordinairement après la voyelle *i*. Exemple : *bien*, *lien*.

2° *An*, dans les autres cas..... *prudence*, *entendre*.

VII. Mais ce principe n'est pas général, et donne lieu à quelques exceptions, que nous indiquerons par un signe spécial :

1° Par ⅄ , moitié de la lettre A, dans *sapience*, que l'on prononce *sapiance*.

2° Par ı, moitié de la lettre I, dans *examen*, que l'on prononce *examin*.

VIII. Nous pouvons appeler ces deux nouveaux signes, comme tous les autres, *signes parlants*, puisqu'ils désignent par leur forme les sons qu'ils représentent.

IX. Le premier, ⅄ , indique le son *a* dans un certain nombre d'adverbes : *ardemment*, *prudemment*, que l'on prononce : *ardaman*, *prudaman*.

Nous regretterions d'avoir eu à produire ces deux dernières formes *défigurées* des mots *ardemment*, *prudemment*, si elles ne nous fournissaient l'occasion de signaler le danger que présente le moyen employé dans les dictionnaires pour figurer la prononciation des mots, moyen nécessaire, nous le savons, et qui certainement ne peut que mériter des éloges aux hommes, considérables par leur savoir, qui s'en sont occupés avec tant de dévouement. Mais ce moyen, *auquel notre système pourrait mettre un terme*, n'est-il pas réellement de nature, en faussant constamment les images des mots, à en rendre l'orthographe réelle excessivement difficile, pour ne pas dire impossible à apprendre, surtout aux enfants, aux jeunes gens peu avancés encore dans leurs études? et n'en résulte-t-il pas souvent, même pour les personnes instruites, une certaine hésitation, un doute embarrassant, quand il s'agit de choisir entre deux formes, l'une vraie, l'autre fausse, qu'elles ont vues, revues accolées l'une à l'autre, surtout si ces personnes ne sont point munies, par l'étude des langues anciennes, de certaines règles d'étymologie propres à les guider dans ce choix, parfois si difficile ? (a)

I. Nous croyons avoir traité complètement les matières qui se rattachent aux sons simples, et nous avons également exposé ce qu'il y avait à dire pour la diphthongue *oi;* il nous reste à parler des autres diphthongues :

ia, *ié*, *io*, *iu*,
ian, *ien*, *ion*, *iun*,
ua, *ué*, *ui*, *uin*,

(a) A l'appui de cette observation, nous donnerons les trois mots *enfant, femme, fierté*, pris au hasard dans des milliers offrant tous, d'une manière plus ou moins dangereuse, les inconvénients que nous venons de signaler. Voici, en effet, comment la prononciation de ces mots est indiquée dans un des grands et des meilleurs dictionnaires français : *anfan, fame, fièreté.* Ce dernier exemple surtout n'est-il pas de nature à porter l'élève à adopter, par suite d'un souvenir erroné, cette finale *èreté,* comme dans le mot *légèreté*? Notre système, ainsi que nous en avons déjà exprimé la pensée, n'offre jamais cet inconvénient, puisque nous ne défigurons jamais, par nos signes, l'orthographe des mots. Et si cette remarque a son importance pour les élèves français, à combien plus forte raison pour les élèves étrangers, anglais ou autres, qui étudient notre langue, et n'ont pas été en partie initiés par l'habitude à nos formes orthographiques ? Terminons cette note par la figuration des sons de ces trois mots d'après notre système : *enfant, femme, fierté.*

I. Mais il nous suffit de dire que pour marquer ces divers sons doubles, il n'y a qu'à placer sous la première voyelle le son bref ⌣, que nous faisons suivre du signe de la seconde voyelle, en rapprochant ces deux signes l'un de l'autre autant que possible. Ex. : *lia*; tandis qu'en les éloignant l'un de l'autre nous faisons connaître qu'il n'y a pas diphthongue. Ex. : *p r i a*.

II. Il nous reste encore quelques observations particulières à faire sur plusieurs lettres et réunions de lettres, mais nous allons d'abord expliquer le dernier signe de notre système, la *croix*, 3e signe de la colonne B.

III. Ce dernier signe est aussi un signe *parlant*, comme on va le reconnaître. Que représente cette croix? La lettre *f*, dont elle est, en effet, au point de vue de sa formation, une dérivation naturelle. Pour la former, nous avons conservé la plus grande partie du trait principal de la lettre f, et nous avons prolongé à gauche la barre, qui termine ainsi la croix.

IV. Nous nous en servons pour donner aux deux lettres *ph* le son de *f*, dans notre langue, dans les deux langues latine et anglaise, et pour cette dernière, nous devons ajouter que la croix y joue un plus grand rôle que dans les autres, puisqu'elle représente le son *f* non-seulement pour les deux lettres *ph*, mais encore pour les deux lettres *gh*, comme dans le mot *enough*, que l'on prononce *ineuf*, et que nous marquons *enough*. — Cette croix joue également un très-grand rôle dans la langue

allemande, où elle donne le son de *f* à la lettre *v*. Ex. : *vier*, pron. *fîre*.
+

I. Nous donnons encore une autre signification à la croix. De même que nous nous servons de la ligne verticale, quand nous le jugeons nécessaire, pour séparer les syllabes d'un même mot, pour en rendre l'épellation et la prononciation plus faciles, de même, dans la lecture accentuée, nous nous servons de la croix pour indiquer les pauses à faire dans un membre de phrase un peu long, lorsque les règles de la grammaire s'opposent à ce qu'on y mette un ou plusieurs signes de ponctuation.

Ce cas a lieu fort souvent; nous en trouvons un exemple au commencement d'un des derniers alinéas qui précèdent.

“ *Il nous reste encore quelques observations à*
+
faire sur plusieurs lettres et réunions de lettres. ... „
+

Il serait en effet fort difficile de lire, sans respirer, tout ce membre de phrase, et nous croyons utile d'y indiquer au moins un temps d'arrêt, après le mot *faire*, ou deux, le premier, après le mot *encore*.

II. La lettre *h* est muette ou aspirée : nous indiquons le premier cas par un zéro; le second, par un gros point. Exemple : *héroïsme, héros*.
o •

Maintenant, quelques observations pour les lettres *y*, *x*, *gn*, *ll*.

III. La voyelle *y* a tantôt le son d'un *i* simple, tantôt celui de deux *i*. Dans le premier cas, nous ne portons aucun signe sous cette lettre ; dans le second, nous y portons deux points en ligne horizontale (..) ; ces deux points ne sont autre chose que les points des deux *i* que vaut alors l'*y*, et que nous figurons comme il suit :

Essaya, *joyeux*.
Essaiia, *joiieux*.

Comme on le voit, le premier des deux *i* se joint à la voyelle précédente, le second à la voyelle suivante ; ces deux *i* appartiennent ainsi à deux syllabes différentes.

I. La consonne *x* est appelée *double*, parce que le plus souvent elle exprime deux sons parfaitement distincts, que nous figurons exactement par un double point, *gros* si le son est dur. Ex. : *extrême* (eks).

petit, si le son est doux, *examen* (egz).

II. Lorsque le son est simple, nous l'indiquons par un seul point : *soixante* (sante), *six amis* (sizamis).

III. Le son *gn*, avec une voyelle, *a*, par exemple, ressemble un peu à celui de *nia*, mais moins pur, ne donnant pas d'une manière distincte le son de l'*n* ; on apprend facilement à le produire, en l'entendant de la bouche d'une personne qui prononce bien.

IV. Pour le figurer, nous portons un zéro sous le *g*, qu'en effet on ne doit nullement prononcer ; nous plaçons entre l'*n* et l'*a*, le petit trait vertical correspondant à la lettre *i*, à cause de la diphthongue *ia*, et nous soulignons la lettre *n* pour rappeler le son confus, nasal, qu'a cette consonne dans le son *gne*. Exemples : *soigna*, *soignez*, *compagnie*.

I. Quant au son des deux *ll* qu'on appelle *mouillés*, lorsqu'ils sont prononcés ensemble, il y a entre les auteurs de nos grands dictionnaires français une divergence complète d'opinion : les uns veulent que ces deux lettres soient entièrement supprimées dans la prononciation; que l'on prononce, par exemple, *travailla*, comme s'il était écrit *trava ia*, ainsi que cela se fait à Paris et dans quelques départements voisins de la capitale; d'autres, au contraire, s'opposent formellement à cette suppression, et recommandent, d'une manière expresse et constante, que l'on conserve toujours et partout ce son des *ll* mouillés.

I. En tenant compte de cette double appréciation, et ne jugeant pas notre opinion personnelle d'une autorité suffisante pour la faire intervenir dans cette question délicate, nous allons indiquer le système de figuration qui nous semble convenable et facile dans l'un et l'autre cas.

1° (Suppr. des *ll*) *travailla*, *travaillons*.
o o
trava ia, *trava ions*.

2° (*ll* mouillés) *travailla*, *travaillons*, (son des
o-l o-l
ll non pur, et comprenant vaguement le son *i*).

Comme nous l'avons fait observer plus haut pour le son *an*, on apprendra facilement à produire le son des *ll* mouillés, en l'entendant de la bouche d'une personne qui prononce bien.

En terminant cet exposé de notre système de prononciation figurée appliqué à la langue française, nous croyons utile de résumer sommairement les avantages qu'il nous semble avoir sur les systèmes suivis jusqu'à ce jour.

1° Nous pourrions l'appeler *système d'accentuation* sinon *perfectionné*, du moins *considérablement amélioré et augmenté*, puisque sans établir aucune complication difficile, nous l'étendons à tous les cas possibles de la prononciation française, et nous ne tarderons pas à voir qu'avec quelques combinaisons de plus, tout aussi simples que les premières, nous l'étendons encore, et d'une manière aisément pratique, aux cinq autres langues latine, anglaise, allemande, espagnole et italienne, en le maintenant constamment à la portée des intelligences les plus ordinaires.

2° En plaçant toujours les signes sous les lettres, nous ne défigurons jamais l'orthographe des mots, et nous offrons constamment à l'élève le moyen de s'exercer seul, de s'interroger lui-même, sûr de trouver toujours une réponse exacte à ses questions, absolument comme s'il avait un professeur auprès de lui pour le guider et le reprendre.

3° Avec ce système, toute personne peut remplir facilement ce rôle de professeur dans sa famille, auprès d'un, de plusieurs, d'un grand nombre d'élèves, si elle peut disposer d'un *tableau noir* pour y figurer, *imager* en quelque sorte son enseignement.

4° Par les explications auxquelles ce système donne nécessairement lieu pour la figuration exacte des mots suivant leur composition et leur décomposition, notre système conduit l'élève tout naturellement, sans effort, presque sans qu'il s'en aperçoive, à une connaissance méthodique, de plus en plus complète, des règles de l'orthographe. De plus, à l'aide de l'indication, toutes les fois qu'elle est nécessaire, de la quantité des syllabes longues ou brèves, des sons plus ou moins ouverts, il procure, à coup sûr, nous pourrions presque dire inévitablement, une prononciation toujours pure et correcte, une lecture agréablement accentuée, qualités précieuses que si peu de personnes possèdent réellement!

5° Enfin, par une comparaison constante des diverses langues, à l'aide de signes de prononciation en grande partie communs à toutes, notre système en facilite l'étude à tout le monde, et conséquemment nous semble répondre au vœu généralement senti, généralement exprimé dans ces derniers temps, d'une étude sérieuse des langues vivantes, dont on s'accorde à proclamer la nécessité et l'urgence.

La connaissance de ces langues fait maintenant partie essentielle, obligatoire du programme des examens du double baccalauréat : puissions-nous contribuer un peu, par notre nouveau système, à en rendre l'étude plus facile, plus agréable, plus efficace! Cette pensée ne nous quittera point au milieu des études que nous avons entreprises pour composer, avec le concours de professeurs spéciaux, des ouvrages, basés sur notre système, pour chacune des langues auxquelles il se rattache.

Nous passons maintenant aux applications de notre système à la langue latine.

LANGUE LATINE

I. L'application de notre système de prononciation à la langue latine n'offre aucune difficulté. Il suffit de connaître les règles particulières, peu nombreuses, pour la prononciation des lettres et des mots de cette langue, et d'y appliquer nos signes.

II. En suivant à peu près l'ordre d'après lequel nous avons expliqué la nature de nos signes, nous plaçons l'oblique à gauche sous l'*e* qui termine une syllabe, cet *e* étant toujours fermé. Exemple : *bone, legere*. Il en est de même de la lettre composée *æ*, qui sonne toujours comme l'*e* fermé. Exemple : *mærore*.

III. Nous plaçons au contraire l'oblique à droite sous l'*e* suivi d'une ou plusieurs consonnes dans la même syllabe, cet *e* étant toujours ouvert. Exemple : *favet*, *adest* (a).

IV. L'*e* n'étant jamais muet, nous ne placerons jamais au-dessous le signe (; mais nous le placerons sous la syllabe *eu*, dans les mots *euge*, *eheu*, et quelques noms propres : *Eucharis, Eumenides*.

V. Autrefois la lettre *u* se prononçait *ou* dans la

(a) Le gros point placé entre l'*s* et le *t* du mot *adest*, signifie que ces deux lettres doivent être accentuées.

langue latine, comme cela a lieu généralement dans les langues espagnole, italienne et allemande, souvent dans la langue anglaise; mais on ne rencontre maintenant ce son que dans un petit nombre de mots latins, dans lesquels l'*u* est suivi de *a*, spécialement dans les mots *qua, quas, aliquas*, *qualis*, dérivés des pronoms *qui* et *quis*.

I. Dans ces deux derniers mots, l'*u* se prononce exactement comme dans les mots français *cuit, cuisse*; dans la forme *cui*, même prononciation, mais sans diphthongue, en deux syllabes, ce que nous indiquons par l'espace laissé entre les signes de ces deux voyelles : *cui* (1).

II. Nous avons, pour ce dernier mot, une observation à faire à l'adresse des personnes qui connaissent les règles de la versification latine : dans ce mot, la voyelle *i* est longue pour la construction des vers latins; mais nous l'avons marquée brève, parce que nous ne nous préoccupons que de la manière de prononcer les mots, et cet *i* final, dans la lecture ordinaire, se prononce bref, absolument comme dans tous les autres mots latins, tels que *tibi, illi, audi*, etc.

III. Terminons cette observation en faisant connaître que les deux formes *quos*, *quorum*, se prononcent sans le son de l'*u*, et se marquent ainsi : *quos, quorum*.

IV. Ce n'est pas sans intention que nous venons de donner pour exemple le mot *quorum*, dans lequel le

(1) On peut aussi prononcer ce mot en une seule syllabe (Quicherat, dans son *Thesaurus poeticus linguæ latinæ*).

son de l'*u* est désigné par le demi-cercle en haut, que nous avons vu, dans notre exposé pour la langue française, représenter le son *o*. C'est en effet ce qui a lieu toujours dans les syllabes latines terminées par ces deux lettres *um*. Exemples : *rosarum*, *dominorum*, *dierum*, *puerum*,

I. Dans ces exemples, le son des deux lettres finales *um* est absolument le même que celui de notre mot français *homme*.

II. Parlons maintenant du gros point, (•), qui a le même objet en latin qu'en français.

Il en sera ainsi des deux langues allemande et anglaise, dans lesquelles ce signe joue un rôle beaucoup plus important qu'en français, par suite de ce principe, que dans ces trois langues toute consonne finale doit être fortement accentuée. Exemples pour le latin : *dat*, *net*, *sit*, que l'on prononce comme les mots français *date*, *nette*, *site*; autres exemples : *amer*, que l'on prononce comme le français *amère* ; *œstimatur*, comme *mâture* ; *limen*, *lumen*, comme *mène*, etc., etc.

III. Le petit point, comme dans le français, marque un son adouci. Exemple : *visio*, prononcez *vizio*; *natio*, prononcez *nacio*.

IV. Nous ferons la même observation pour le signe o, qui marque un son nul ; mais ce qui n'a lieu que très-rarement en latin, en vertu de cet autre principe, que dans cette langue toutes les lettres doivent être prononcées. Exemple d'un cas exceptionnel : *sanctus*, et ses dérivés, *sanctificetur*, etc., dans lesquels le *c* avant le son *t* est sinon nul, du moins très-peu sensible, et que par conséquent nous marquons du petit zéro : *sanctus*, *sanctificetur*, etc.

V. Ce dernier exemple nous amène tout naturellement à parler des sons nasals, les mêmes que nous avons vus en français : *am*, *im*, *um*.
an, *in*, *un*.

Ex. : *ambitio*, *implora*, *umbra*, *unda*, *redemptor*.
ambition, *implore*, *ombre*, *onde*, *rédempteur*.

Dans ce dernier exemple, et conformément aux règles que nous avons vues pour le français aux pages 14, 15, nous avons porté sous le second *e* le signe ¹ pour le latin, le signe ² pour le français, à cause de la prononciation *redimptor*, *rédampteur*.

VI. Il nous reste à parler des deux signes (– ⏑) qui désignent les voyelles longues ou brèves : nous nous bornons à dire que nous plaçons ces signes dans les mots latins, comme dans les mots français, selon que les voyelles sont longues ou brèves.

Ainsi, reprenant les quatre premiers exemples du numéro IV, page 24, nous les figurons ainsi qu'il suit, pour l'avant-dernière voyelle : *rosarum*, *dominorum*, *dierum*, *puerum*.

Cet exposé général de notre système de prononciation ayant à peu près uniquement pour objet la manière d'employer les signes, nous ne saurions y faire entrer l'ensemble des règles de la quantité latine, si variées, si contraires parfois, comme nous le voyons dans les deux mots *dierum*, *puerum*, mais nous tenterons de le faire, au moins d'une manière générale, dans un traité spécial de lecture pour la langue latine, que nous publierons ultérieurement.

LANGUE ANGLAISE

I. Cette langue est celle qui offre le plus de difficultés pour la prononciation.

II. Les voyelles, en effet, ont chacune deux, trois, quatre et même cinq sons différents ; d'autre part, un même son est commun à trois, quatre, cinq voyelles, même à toutes les six, soit isolées, soit réunies par deux ou par trois.

III. Certaines consonnes ont également plusieurs sons différents, complètement étrangers à notre prononciation française.

IV. On a déjà fait de sérieux efforts pour vaincre ces difficultés. Des hommes savants, habiles professeurs, d'une très-grande expérience, ont imaginé des systèmes, basés sur des chiffres, des assemblages de lettres, des signes particuliers, pour simplifier cette étude de prononciation anglaise. Mais il nous a semblé que ces divers systèmes pouvaient être améliorés encore, que l'on pouvait arriver encore plus sûrement et plus vite à procurer aux élèves une prononciation anglaise aussi régulière, aussi parfaite que possible, et c'est après de nombreux essais, au milieu d'un enseignement donné à des élèves d'âge et de dispositions diverses, que nous nous sommes arrêté définitivement à notre système.

I. Pour le développer, nous allons suivre à peu près le même ordre que nous avons suivi pour le français et le latin, d'après le tableau résumé des signes de prononciation.

II. Le premier signe de la première colonne du tableau (ˡ) nous servira, comme dans les deux langues française et latine, à séparer, quand nous le jugerons utile, les syllabes d'un même mot. Ex. : *A vi di ty.*

III. Ce signe nous servira également, comme en français, pour désigner le son *i*, appliqué à une autre voyelle que *i*, ce qui a lieu très-souvent en anglais, comme nous le voyons dans les exemples suivants : *me*, prononcez *mi*, et de même dans *begin*, *bespoke*, *bestow*, *betray*, *cecity*, *celerity*, *debel*, *decay*, *deceive*, *decrepit*, *busy*, *women*, etc.

IV. Nous avons employé, dans les deux mots *deceive*,

decrepit, le zéro et le gros point, dont on connaît déjà parfaitement l'usage : du premier, pour indiquer que le son est nul ; du second, pour indiquer au contraire un son fortement accentué, et par conséquent on aura prononcé, sans hésitation aucune, le premier de ces deux mots, *dicive ;* le second, *dicrepite*.

I. Observons maintenant, une fois pour toutes, que cet exposé n'ayant principalement pour but que de faire connaître la création et l'emploi de nos signes, nous ne saurions entrer dans le développement très-étendu des règles de la prononciation, nous proposant d'ailleurs de le faire ultérieurement dans un traité spécial, que nous tâcherons de rendre aussi complet que possible.

II. Revenons à l'application de notre 1er signe à la langue anglaise, en produisant de nouveaux exemples, mais dans lesquels le son *i* est plus long, et que, pour cette raison, nous marquons du même signe accompagné d'un point : *bee*, *see*, *seen*, *mere*, *severe*, *redeem*,
I. I. I. I. I I. I I.
meet, *meat*, *mean*, *peace*, *please*, *read*, (présent), etc.
I. I. I. I. I. I.

III. Nous pourrions multiplier ces exemples à l'infini, mais nous nous bornons à ces quelques cas faciles, qui ne comprennent point d'autres difficultés de prononciation.

IV. Ajoutons que l'on peut employer ce signe même sous la lettre *i*, surtout quand le son est long, comme dans *believe*, et dans ce cas le signe est parfaitement en
I.
rapport avec la lettre.

I. Le signe ⸍, que nous avons vu en français, placé sous le premier *e* du mot *prudemment* pour donner à cette lettre le son A, joue le même rôle dans la langue anglaise, mais dans un très-petit nombre de mots. Exemples : *clerk, sergeant ;* (pron. *clark, sargeant.*)

II. Passons à présent au second et double signe du tableau (/ \). Comme en français, nous plaçons : 1° le premier, sous les voyelles ou réunions de voyelles dont le son correspond à celui de l'*é* fermé. Exemples : *any, many — race, place, date, may, day, say ;*

2° le second, pour le son correspondant à l'*è* ouvert. Exemples : *met, bread, read* (passé) *ere, were,* etc.

III. Continuons par le double signe (‹ ›) de la troisième colonne du tableau, qui fait en quelque sorte le pendant de celui que nous venons d'expliquer. Comme en français,

1° Nous employons le signe (‹) pour indiquer le son *eu*. Exemples : *but, some, opinion ; — Altar, her, sir, doctor, fur.* (Prononcez faiblement l'*r* final, ainsi que l'indique le petit point placé au-dessous de cette lettre).

2° Nous employons le signe (›) pour indiquer le son *ou*. Exemples : *Put, foot, stood, full — rule, shoe.*

IV. Nous venons de rappeler l'usage du petit point, qui est d'adoucir le son, et aussi de l'affaiblir, spécialement pour la lettre *r*.

En plaçant ce petit point sous l'*s*, nous lui donnons

en anglais, comme en français, le son du *z*. Exemples : *Rose*, *ease*, *praise*, *phrase*.
. !. . /· . /· .

En le plaçant sous la consonne *f*, nous en changeons le son en celui de *v*, sa douce correspondante — Exemple : *of*, prononcez *ov*.

I. Avant d'exposer les significations diverses que nous procure le double point, et très-fréquemment, dans la langue anglaise, parlons du 3e signe, ^, de la colonne A. — A propos du français, nous avons dit que ce signe, composé de *deux* éléments, de *deux* lignes droites, qui, par leur réunion en un point, forment un *angle*, sert naturellement à représenter ce que nous appelons une *diphthongue*, c'est-à-dire *deux* sons prononcés par *une* seule émission de voix, et nous nous servons de ce signe pour représenter le double son *oa*, de la syllabe *oi* dans les mots *oiseau*, *oisif*, *oie*. Seulement
< < <
nous inclinons cet angle à gauche, au lieu de le faire perpendiculaire, ayant besoin de cette dernière forme pour une autre diphthongue, qui revient très-souvent dans la langue anglaise.

II. Cette diphthongue est *aou*, composée des deux sons distincts *a ou*, que nous pourrions représenter par les deux signes (⁄ ›) en les réunissant ; mais il nous a semblé plus simple de représenter ce double son par l'*accent circonflexe*, ou l'*angle en haut*, qui diffère peu du signe composé de ceux de *a* et de *ou* réunis.

III. Nous marquerons donc, par l'accent circonflexe,

les mots *round* (rond), *sound* (son), *now* (maintenant), *down* (en bas).

IV. Observons que le premier son, celui de l'*a*, est plus long, beauconp plus sensible que le second, celui de *ou*.

V. En faisant un raisonnement semblable pour la diphthongue *iou*, que nous pourrions marquer par les deux signes réunis d'*i* (ˡ) et d'*ou* (˃) nous la représentons plus simplement par le même angle, mais complètement retourné, ou l'accent circonflexe renversé. Exemples : *use*, *muse*, *pure*, *tube*.

VI. La prononciation de cette seconde diphthongue est absolument le contraire de la première; il faut glisser rapidement sur le son *i* et appuyer davantage sur le son *ou*.

VII. La diphthongue *oï* est représentée par le double son français des deux lettres *o i*, comme il suit : *voice* (voix), *boy* (garçon).

VIII. Nous allons maintenant expliquer les nombreux avantages que nous retirons du double point, en anglais.

IX. Placé sous la voyelle *i* ou *y*, en ligne *horizontale* (¨), ce signe représente toujours le son double *aïe*, correspondant à l'interjection française ainsi écrite, qui sert à marquer la surprise, la douleur, et par conséquent nous écrivons avec le double point, ¨, *line* (ligne), *site* (site), *rhyme* (rime).

I. Placé sous les consonnes *g* et *j*, également en ligne *horizontale*, ce même signe représente le double son *dje*, et conséquemment les mots *age* (âge), *just* (juste), se prononcent *edge*, *djeust*.

II. Placé sous les deux lettres *ch*, ce signe représente encore un son double et dur, *tche*. Exemples : *chance* (chance), *church* (église).

III. Un seul point (gros) sous le *ch* représente le son simple, mais dur, du *k*. Exemple : *monarch* (monarque).

IV. Nous allons maintenant donner à ce double point une situation *verticale* ou *oblique*, et le placer sous des voyelles ou des consonnes.

V. Sous des voyelles : dans ce premier cas, ce signe représente des sons anglais complètement étrangers à notre langue française.

VI. Ainsi, les trois signes (·˙ : ˙·) représentent des sons intermédiaires : le premier, entre les sons de *a* et de *e*, exemple : *and*; le deuxième, entre les sons de *e* et de *i*; exemple : *bravery*; le troisième, entre les sons de *a* et de *o*; exemple : *was* (fus).

VII. Nous sommes heureux d'avoir réussi, à force de recherches et de tâtonnements, à trouver cette combinaison de signes, que nous n'avons vue dans aucun dictionnaire ou grammaire, ni aucun livre de prononciation figurée.

VIII. Dans ces derniers ouvrages, on représente ordinairement, pour ce dernier mot (*was*), la voyelle *a* remplacée par la voyelle *o* (*wos*) ; mais cela ne nous semble pas exact. En prononçant ce mot, on ne doit faire entendre ni un *o* ni un *a*, mais un son intermédiaire entre les sons de ces deux lettres, que l'on ne peut apprendre que de la bouche d'une personne qui prononce bien l'anglais.

I. Nous pourrions faire une observation analogue pour les deux autres sons intermédiaires, mais cela n'est pas utile, on la devine facilement, et nous terminons cette note en faisant remarquer l'ordre dans lequel nous avons rangé ces trois sons, le même que l'ordre naturel des voyelles : *a e*, *e i*, *a o*, pour aider la mémoire et rendre toute méprise impossible.

II. Voyons maintenant le cas où ces mêmes signes sont placés sous des consonnes :

1° Sous l'*s* et le *z*, le signe (·˙) représente le son *je*. Exemple : *decision* (prononcez *dicijeune*) *glazier* (prononcez *gléjeur*).

2° Sous l'*s* et le *t*, le signe (:) représente le son *che*. Exemple : *dimension* (pron. *daïmencheune*), *nation*, (pron. *nécheune*). Observons, pour l'*s*, que cette lettre est placée entre deux voyelles dans le premier cas, après une consonne dans le second.

III. Ces terminaisons *sion*, *tion*, sont très-fréquentes en anglais, par une raison bien simple, c'est que tous nos substantifs français terminés en *ion* s'écrivent absolument de la mêm · manière en anglais ; il n'y a de changé que la prononciation, mais d'une manière considérable, puisque, comme nous venons de le voir, les deux mots *nation*, *decision* se prononcent comme s'ils étaient écrits *nécheune*, *dicijeune*.

I. Aussi ne pouvons-nous retenir le sentiment de regret que nous avons déjà exprimé, de ces assemblages de lettres, parfois, ou plutôt presque toujours bizarres, auxquels on a recours, dans les dictionnaires, les grammaires et les livres spéciaux de prononciation figurée, pour guider les élèves, mais en présentant à leurs yeux, et par conséquent en fixant dans leur mémoire de fausses images, qui nuisent assurément à l'étude orthographique des mots.

Citons en quelques exemples, ainsi que nous l'avons fait pour la langue française. Et d'abord, les quatre mots cités comme exemples dans les trois alinéas précédents : *decision*, *glazier*, *dimension* et *nation*, dont nous avons donné la figuration à la fois d'après les dictionnaires, et d'après notre système ; puis les mots :

hear, *heard*, *heart*, *night*, *one*,

figurés dans les dictionnaires par :

hir, *heurde*, *harte*, *naïte*, *oueune*,

et d'après notre système par :

hear, *heard*, *heart*, *night*, *one*.
. l. . (. o ₌ . . o .)(

Le 3e signe (⁘) nous servira plus tard, dans les langues espagnole et allemande, pour rappeler le son particulier d'une ou de plusieurs consonnes qu'il est impossible de figurer ; qu'il faut recueillir de la bouche d'une personne qui prononce bien ces deux langues.

I. Une observation encore, pour la forme des deux signes ( ) (je), (che) — L'inclinaison du premier correspond à la boucle ou crochet du *j* ; la situation *verticale* du second, à la direction de la lettre h comprise dans le son *che*.

II. On trouvera peut-être ces remarques par trop minutieuses, mais nous tenons à montrer le soin que nous avons toujours eu, en organisant notre système, de le rendre en quelque sorte *parlant*, autant que possible, de manière à n'offrir rien de compliqué ni d'obscur, même pour les intelligences les plus ordinaires.

III. Traitons maintenant un point assez généralement considéré comme offrant de très-grandes difficultés aux élèves, la prononciation du *th*, dont le son n'a point, il est vrai, de correspondant parfait dans notre langue française.

Nous ne pouvons cependant nous empêcher de déclarer, d'une manière positive, que nous n'avons jamais trouvé là une difficulté gravement sérieuse. La règle, en effet, est bien simple : pour prononcer cette double lettre, mettez la langue entre les dents; puis, en la retirant, cherchez à prononcer la lettre *z*, si le *th* est doux ; la lettre *s* si le *th* est dur, et vous donnerez le véritable son de cette double lettre. Exemples :

1° (*th* doux), *that*, *thee* ;

2° (*th* dur) *thick*, *theatre*.

IV. On voit, par ces exemples, que le son doux

est marqué par un petit point; le son dur, par un gros point.

V. Dans le dernier exemple, *theatre*, le chiffre 2, placé sous l'*r*, signifie que, pour la prononciation, cette lettre doit reculer d'un rang, se faire entendre après l'*e* qui suit, comme si le mot était terminé par *teur*. — Le petit zéro, placé sous l'*e*, rappelle que le son de cette lettre est presque nul.

VI. On observe la même règle dans les mots terminés en *ble* ou *ple*. Exemple : *able* (capable), *apple*
$/\cdot\ 2\ _0$ $2\ _0$
(pomme).

VII. C'est un principe posé par quelques grammairiens, qu'il n'y a point de sons nasals en anglais, mais, selon nous, d'une manière trop générale, car dans le mot *thank*, par exemple, les deux lettres *an* se prononcent bien à peu près comme dans le mot français *ancre*, en faisant toutefois entendre, mais légèrement, le son du *n*.

VIII. Cette remarque nous amène tout naturellement à faire une observation spéciale pour la terminaison *ing*, du participe présent de tous les verbes anglais : dans cette terminaison, le son de l'*i* est nasal ; celui du *g*, complètement nul, et remplacé par le son *gne*, que nous avons expliqué, pour la langue française. Exemple : *ending*, dont il faut prononcer la seconde syllabe, comme le mot *digne*, mais en donnant à la lettre *i* le son nasal.

IX. Quant aux signes de quantité (- ⌣), nous avons à dire tout simplement qu'ils servent, en anglais comme dans le français, à désigner les sons longs ou brefs. Exemple : *art*, *sack*, *lot*.

art, *sac*, *lot*.

I. Le dernier signe, la *croix*, a toujours le même et double objet que nous avons expliqué.

Exemples : *Philosophy*, *enough*, (pron. *ineuf.*)

Nous croyons avoir dit tout ce qu'il y a d'essentiel pour l'usage de notre système de prononciation, appliqué à la langue anglaise. Avons-nous été toujours d'une exactitude parfaite dans la prononciation des mots donnés pour exemples? Nous sommes porté à le croire, ayant suivi les principes recueillis par nous dans nos conversations en Angleterre, ainsi qu'en France, avec des Anglais d'une éducation distinguée; mais dans le cas où l'on différerait d'opinion avec nous sur quelque point, ne suffirait-il pas de rappeler qu'il en est de la prononciation anglaise, comme de la prononciation française; qu'elle varie plus ou moins suivant les classes de personnes et les pays; que, même dans les ouvrages didactiques, grammaires, dictionnaires, traités spéciaux de prononciation figurée, etc., composés avec soin par des hommes fort instruits, grand nombre de mots sont donnés avec des prononciations différentes, comme *nature*, par exemple, qui figure de trois manières différentes :

Nature, *nature*, *nature*

dans les dictionnaires de Smith, de Spiers et de Stone?

Qu'il nous soit permis toutefois, pour le cas d'erreurs, commises par nous sur ce point, comme sur tout autre, de solliciter de la part des personnes qui les auront reconnues, leurs bienveillants conseils : nous leur en offrons à l'avance l'expression de notre vive gratitude, avec la promesse de notre empressement à retirer de leurs conseils tout le parti possible, dans l'intérêt des élèves qui suivront notre système d'enseignement.

Nous allons maintenant nous occuper des trois langues allemande, espagnole et italienne, qui demanderont de bien moindres développements, la prononciation de ces langues différant, en général, beaucoup moins de leur orthographe.

LANGUE ALLEMANDE.

I. Les lettres de cette langue se prononçant, pour la plupart, absolument comme celles de notre langue française, nous nous bornerons, dans cette partie de notre exposé, concernant la prononciation allemande, à mentionner les différences de prononciation particulières à certaines lettres, simples ou composées.

Lettres simples.

II. La plus grande difficulté de la prononciation

allemande pour nous Français, consiste dans l'*aspiration gutturale* du *g* (*gué*), ainsi que du *ch*, à la fin des mots, et on ne peut l'apprendre que de la bouche d'une personne habituée à la prononciation allemande.

III. Nous signalerons cette aspiration par le double point en ligne oblique, de gauche à droite (·.). Exemple : *Buch*, (livre); *Regen*, (pluie).
) ·.   ·.

IV. Nous avons mis en outre, dans le premier exemple, le signe) sous l'*u*, qui se prononce *ou* en allemand, à moins que cette voyelle ne soit surmontée d'un tréma, auquel cas on la prononce comme l'*u* français. Exemple : *Glück* (bonheur).

V. La lettre *c*, qui, en allemand comme en français, a le son de *k*, devant les voyelles *a*, *o*, *u*, se prononce *tse* devant les voyelles *e*, *i*, *y*, ce que nous représentons par le double point en ligne horizontale (··) Exemples : *Cicero*, *Cyclop* *Citrone*.
·· ··   ··   ·· /

VI. La lettre *h* donne un son très-aspiré au commencement d'une syllabe; elle est muette après une voyelle, ne servant qu'à en allonger le son. Exemples : *Himmel*
•
(ciel), *Mahl* (repas).
o

VII. Observons, d'après ces derniers exemples et ceux qui les précèdent, qu'en allemand les substantifs communs, aussi bien que les substantifs propres, prennent toujours une majuscule.

VIII. La lettre *j* (*iodd*) est toujours suivie d'une voyelle, et se prononce comme l'*i* français. Exemple : *Ia* (oui).

I. La lettre *q* est toujours suivie d'un *u*, avec lequel elle forme le son *kou*. Exemple : *Quelle* (source).
) /

Observons, à l'occasion de ce dernier exemple, que la consonne *l*, simple ou double, ne se mouille jamais.

II. La lettre *s* a le son : 1° doux, au commencement d'une syllabe, et dans le corps d'un mot entre deux voyelles. Exemple : *Sohn* (fils); *Hase* (lièvre); 2° un
• •
peu plus dur avant une consonne et à la fin d'un mot. Exemples : *Skelett* (squelette); *Glas* (verre).
• •

Nous verrons bientôt les différentes manières de prononcer cette consonne selon sa combinaison avec d'autres lettres.

III. La lettre *v* (*faou*) se prononce comme l'*f* français. Exemples : *Vater* (père); *Von* (de).
\+ +

Nous nous servons de la croix pour marquer le son *faou* dans les mots allemands comme nous l'avons fait en anglais dans le mot *enough*.
ı (+

IV. Le double *w* se prononce comme le *v* français, ce que nous indiquons, d'une manière sensible, en portant un point sous le second *v* seulement. Exemple : *Wolf* (loup).
•

V. La lettre *z* a, comme nous l'avons vu pour le *c*, le double son *tse*, mais devant toutes les voyelles indistinctement, ce que nous représentons naturellement par les deux points en ligne horizontale. Exemples : *Zahl*
••
(nombre) ; *Zorn* (colère).
••

Le *z* précédé de *s* se confond avec le son de cette seconde lettre. Exemple : *grosz*, (grand).

LANGUE ESPAGNOLE

I. Cette langue, au point de vue de la prononciation, donne lieu à bien moins d'observations que les deux langues précédentes.

II. Toutes les lettres se prononcent, excepté l'*h*, qui n'est jamais aspirée, que nous marquerons par conséquent du signe o, et la lettre *u* dans les syllabes *gue*, *que*, *gui*, *qui*.

III. La lettre *e* a toujours le son de l'*é* fermé; nous marquons par conséquent les deux premiers exemples *gue*, *que*, comme il suit : *gue*, *que*
o/ o/

IV. La voyelle *u* a toujours le son *ou* et se marque par le signe ͻ. Exemple : *una* (une).
ͻ

V. Dans les diphthongues chaque voyelle conserve le son qui lui est propre. Exemples : *ruego* (je prie),
ͻ/
tiene (il a), *Francia*, *aire* (air).
I/ I◡ ◡I

VI. La lettre *c*, comme dans les autres langues, a le

son dur devant *a*, *o*, *u*, mais devant *e*, *i*, elle a le son du *th* anglais dur, et nous la marquons de même par le gros point. Exemple : *gracias* (grâces). Prononcez *ci* comme *thi* dans le mot anglais *thick*.

VII. Le *ch* espagnol se prononce et se marque de la même manière que le *ch* anglais. Exemple : *mucho* (beaucoup), en anglais *much*.

VIII. Le *g*, comme le *c*, devant les voyelles *a*, *o*, *u*, a le même son que dans les autres langues, mais devant *e*, *i*, le son de cette lettre est aspiré comme le *ch* allemand et ne peut être appris que de la bouche d'une personne qui prononce bien l'espagnol; il en est de même du *j*, devant n'importe quelle voyelle.

Nous marquons ce son espagnol, comme le *ch* allemand par le signe spécial ∵ .

IX. La lettre *s* a toujours en espagnol le son de l'*s* français non adouci, double au contraire. Exemple : *nosotros* (nous).

I. La lettre *z* a le même son que le *c* devant *e*, *i*, mais devant n'importe quelle voyelle. Exemple : *La cabeza* (la tête).

II Le double *ll* a toujours le son mouillé. Exemple : *La llave* (la clef) ; *la batalla* (la bataille).

III. Le *n* surmonté, en espagnol, d'un signe particulier, a notre son *gn*, que nous marquons de la même manière qu'en français Ex. : *año* (année); pron. agneau.

LANGUE ITALIENNE

I. Nous passons maintenant à la langue italienne, pour laquelle nous avons également peu d'observations particulières à faire, analogues pour la plupart à celles de la langue espagnole.

II. La lettre *h* est la seule muette, et toujours.

III. Placée après *c* et *g*, elle donne à ces deux consonnes le son dur. Exemples : *che*, *chi*, *ghe*, *ghi*.

IV. Comme en espagnol, le son de l'*e* est fermé, parfois ouvert cependant, disent plusieurs grammairiens, sans préciser les cas. Ne pourrait-on pas les ramener généralement à ces deux-ci :

1° Lorsque cette voyelle forme à elle seule la 3e personne du singulier du prés. de l'ind. du verbe *essere*, elle prend alors l'accent grave. Exemple : *è* ;

2° Lorsqu'elle est suivie d'une consonne dans la même syllabe, principe d'ailleurs qui nous semble devoir être généralement appliqué à toutes les langues. Exemple : *del*, comme dans le français *d'elle*, en exceptant toutefois la langue espagnole.

V. L'*u* se prononce toujours *ou*. Exemple : *un* (un).

VI. Les voyelles conservent leur son propre, même

dans les diphthongues, Exemples : *oriuolo* (montre), *Augustino* (Augustin).

I. La consonne *c*, dure devant *a*, *o*, *u*, se prononce *tch* devant *e*, *i*, comme le *ch* anglais, et se marque de même. Exemple : *voce* (voix); on prononce aussi *voce*.

II. Le *g* suit une règle analogue; dur devant *a*, *o*, *u*, il prend devant *e*, *i*, le même son double qu'en anglais. Exemples : *genio* (génie), *gigante* (géant); prononcez *dgenio*, *dgigante*. Devant un *u*, il n'absorbe pas le son de cette voyelle. Exemple : *guida* (guide); il en est de même du *q*. Exemple : *questo* (ce).

III. L'*s*, sifflant au commencement d'un mot, doux entre deux voyelles, a un son très-dur s'il est double. Exemples : *son* (suis), *chiesa* (église), *stessa* (même).

IV. *Sc* se prononce *sk* devant *a*, *o*, *u*, et *che* devant *e*, *i*. Dans le premier cas, nous le marquons par un double gros point; dans le second, par :, conformément au principe général de la page 31, 2°. Exemples : *scatala* (boite), *scena* (scène).

V. *Sch* se prononce *sk*. Exemple : *schiavo* (esclave).

VI. La lettre *t* n'a jamais le son doux du *t* français devant *i*; nous n'avons jamais conséquemment à la marquer du petit point.

VII. La lettre *z* n'a jamais non plus le simple son doux du *z* français. mais elle a toujours un son double;

tantôt doux, comme dans *orzo* (orge); tantôt dur, comme dans *forza* (force).

Conformément au principe que nous avons suivi pour l'*x* français, nous avons marqué un double *petit* point sous le premier exemple; un double *gros* point sous le second.

Il en est de même pour le double *z*, qui est doux dans *mezzo* (milieu); dur dans *mezzo* (mou).

I. En italien, il n'y a pas de sons nasals, et conséquemment les *m* et les *n* doivent toujours être prononcés d'une manière distincte. Exemple: *andare* (aller).

II. De plus, les consonnes redoublées ne se prononcent jamais comme si elles étaient simples; on doit entendre distinctement le son de chacune des deux consonnes. Exemples : *metto* (je mets), *freddo* (froid).

III. Les deux consonnes *gl* se prononcent séparément devant les voyelles *a*, *e*, *o*, *u*. Exemple : *gladiatore* (gladiateur).

IV. Devant la voyelle *i*, elles se prononcent comme les *ll* mouillés. Exemple : *famiglia* (famille), que nous marquons, pour l'italien, par le zéro sous le *g* pour indiquer le son nul de cette lettre, et par le trait horizontal sous *l*, indiquant le son des deux *ll* mouillés du français.

Les deux consonnes se séparent dans le mot *negligente* (négligent) et ses dérivés.

Le but de cet exposé général de notre système de prononciation et de lecture étant principalement l'explication des signes auxquels nous avons recours, leur forme, leur interprétation dans les six langues qui composent à peu près exclusivement l'enseignement littéraire en France, nous pouvons considérer notre travail comme terminé, en ajoutant seulement que nous marquerons, quand il y aura lieu, l'*accent tonique* par un accent aigu ou une virgule, au haut et à côté de la lettre accentuée.

Nous nous occuperons, au moins sommairement, de cette question importante, dans les traités que nous ferons successivement paraître sur chacune des six langues désignées, et que nous terminerons par des exercices de traduction interlinéaire, extraits surtout des auteurs désignés pour le double baccalauréat. Nous marquerons la prononciation dans le texte original et dans la traduction en français, offrant ainsi à MM. les professeurs de nombreux exemples d'application comparée des règles contenues dans cette nouvelle méthode de prononciation et de lecture, et nous signalerons en même temps les observations particulières, au double point de vue logique et grammatical, que comportent ces dlvers extraits.

Qu'il nous soit permis, en terminant, de faire appel au zèle éclairé, à l'expérience des personnes chargées, à un titre quelconque, de la délicate mission de l'éducation de la jeunesse, de solliciter leurs observations, leurs bienveillants conseils, au milieu de la tâche que nous avons entreprise.

Que cet appel soit entendu, et nous avons déjà tout lieu d'espérer qu'il le sera ; que nos efforts soient ainsi encouragés, soutenus, et nous serons heureux de contribuer, nous aussi, quelque peu, à ce rapide essor que doivent nécessairement continuer de produire les excellentes réformes tout récemment introduites dans l'enseignement, essor précieux qui ne saurait manquer d'exercer une heureuse et puissante influence sur les destinées de notre chère et bien-aimée Patrie.

P. MARIE.

Toulouse, le 21 novembre 1874.

P.-S. — Nous annexons à cet exposé général de notre système un **Tableau synoptique des signes**, avec de nombreuses applications, qui en rendent la connaissance facile à acquérir, presque impossible à oublier.

Toulouse. — Imprimerie de J.-M. BAYLAC rue du May, 1.

yelles est
lacé sous
l'autre.
of (VIIIe
v, et celui
ème ligne
du z.
place sous
elles doi-
eut aussi
re i, pour
ibas (10,
rtie de la
illés doit
rizontale
par un
des mots
doit être
es mots
Le petit
de cette
page).
ite, dans
e double
dans les
s signes
note (d)
a longs

es, pour servir d'exercice d'appli-
t de l'indicatif et du *passé défini*, on
8 à 14, à 20, etc., etc.

...CIPE ...NT	PARTICIPE PASSÉ X	INDICATIF PRÉSENT XI	PASSÉ DÉFINI XII
t	été	Je suis Ego sum	Je fus Ego fui
	been	I am	I was

n di, Signore.

ómo está usted?

he sta?

y bien, gracias.

issimo, vi ringrazio.

os, — addio.

Toulouse. — Imp. Baylac, rue du May, 1.

e droite ;
ers signes
au, à lire

texte lu par un professeur ou toute autre personne
ment, fournira le moyen de vérifier l'exactitude de

TABLEAU des signes employés dans la **Signologie** ou **Méthode** (1) facile de **Prononciation et de Lecture**, par P. MARIE, *Principal honoraire, Officier de l'Instruction publique, chargé de l'enseignement de l'anglais au Petit-Séminaire de Toulouse.*

Nos d'ordre	Signes I	VALEUR II	FRANÇAIS III, IV	LATIN V, VI	ANGLAIS VII, VIII	ALLEMAND IX, X	ESPAGNOL XI, XII	ITALIEN XIII, XIV
1	o	Son tout-à-fait nul.	bout	chorus	build	ihn	habia	hanno
»	-	» presque nul.	monde		seven	mitessen		
2	.	» fort, dur.	fat	dat	fat	Salat	las	non
»	.	» faible, doux.	rose	rosa	rose, c(b)	Rose		rosa
3	|	» I (c)	lien	denti	he, bee			
»	/	» A (d)	femme		clerk			
»	/	» é fermé. (e)	et, nez	te, tote	any, near	gethan	que	che
»	\	» è ouvert. (f)	mot, mais	et, est	bat, err	Feld, Keel		per
»	–	» nasal (sous m, n).	an, am	semper	thank, 30	dank		
»	–	» long (sous voyelles).	flamme	ibus, ibas	note	Bahn	casa	casa
1	⌣	» bref.	homo	amat	not	Mann	amar	amore
»	(	» eu. (g)	Eugène	euge	but, fur	Löwe (s)		
»	)	» ou. (h)	ou, bourg		put, poor	und, Uhr	su, uno	lu, uno
»	⌢	» u.	nu, aux	Deum (i)				
5	<	» oi ou oa. (j)	moi, suie					
»	^	» aou. (j)			house (m)	haus (n)	sulo	aula
»	v	» iou. (j)			muse			
6	+	» fe. (k)	physique	physice	cough	vier		
7	..	» aïe (sous l, y angl.)	moyen (l)		line, by	eine (a,l)		
»	..	» tche (sous ch, c).			much		mucho	facile
»	..	» dge (sous g, j).			age, joy			genio
»	..	» ts (sous c et z allem.).				Cicero, Zu		
»	..	» ts (sous z ital. dur).						forza
»	..	» dzo (sous z ital. doux).						orzo
»	/	» je.			pleasure			
»	!	» che.			sure, nation	Stein, Spiel		scena
»	\	» spécial du ch allem. (n)				Buch		
»		et du j espagnol.					abajo	
»		» interm. entre a, o. (n)			all (n)			
»		» du th anglais dur.			thank		gracias	
»		» du th anglais doux. (o)			that			
8	n	» du gne. (p)	signe		ending (p)		senora	
»	ll	» lle (ll mouillé ou nul)	railla, lia					meglio
9	ic	» ien	lien, lieux					
»	en	» ouin				Freund		
»	?	» roulé (r)			able, apple			

(1) Cette méthode est suivie depuis trois ans au Petit-Séminaire et à l'Institution Saint-Louis, avec une pleine réussite, constatée par le succès qu'ont obtenu, l'année dernière et cette année, aux examens de baccalauréat ès-lettres et de baccalauréat ès-sciences, tous ceux des élèves de ces deux établissements qui ont été interrogés sur la langue anglaise, plusieurs après neuf mois seulement d'études préparatoires.

Ce tableau sert d'appendice à une brochure qui est publiée en même temps, dans laquelle est traité, d'une manière complète, ce nouveau système d'enseignement de la prononciation et de la lecture dans les six langues désignées. [illegible]

L'emploi général de cette méthode, qui fait l'objet de la brochure, comprend la notation [illegible]

[illegible] Prix de ce Tableau .... 0 f. 50
Prix de la Brochure, avec le Tableau. 1 f. 50

On les trouve chez tous les libraires de Toulouse, ou chez l'Auteur, rue de l'Université, 3, en s'adressant au concierge.

[signature]

OBSERVATIONS.

Tableau des signes.

(a) [illegible]

(b) [illegible]

(c) [illegible]

(d) [illegible]

(e) [illegible]

(f) [illegible]

(g) [illegible]

(h) [illegible]

(i) [illegible]

(j) [illegible]

(k) [illegible]

(l) [illegible]

(m) [illegible]

(n) [illegible]

(o) [illegible]

(p) [illegible]

(q) [illegible]

(r) [illegible]

Tableau de Conjugaison (1re part).

(s) [illegible]

(t) [illegible]

OBSERVATION IMPORTANTE — Comme on le voit, les signes sont, pour les six langues, au nombre de neuf : 1° le cercle ou zéro ; 2° le point ; 3° la ligne droite ; 4° le demi-cercle ; 5° l'angle ; 6° la croix ; 7° le double point ; 8° l'horizontale et la verticale réunies ; 9° la verticale et le demi-cercle réunis également. — Ces divers signes se combinent entre eux d'une manière si simple, que même de jeunes enfants réussissent, en une douzaine de leçons au plus, à comprendre, à bien posséder ce tableau, à lire facilement un texte quelconque d'une des six langues, marqué d'après cette méthode, à l'appliquer eux-mêmes en posant les signes sur un texte lu par un professeur ou toute autre personne connaissant bien la langue à laquelle ce texte appartient. — L'Oraison Dominicale, en six langues, avec les signes, sous presse en ce moment, fournira le moyen de vérifier l'exactitude de cette assertion. Ce texte sextuple, tiré à part, sera publié prochainement, au prix de 20 centimes.

TABLEAU de conjugaison des cinq temps primitifs des verbes *avoir* et *être*, dans les six langues, pour servir d'exercice d'application des règles exposées dans le tableau des signes. Pour la conjugaison entière du *présent de l'indicatif* et du *passé défini*, on n'a qu'à descendre, à chaque personne, les pronoms, par colonnes verticales, de 7 à 13, à 19 ; de 8 à 14, à 20, etc., etc.

Nos d'ordre	LANGUES I	INFINITIF PRÉSENT II	PARTICIPE PRÉSENT III	PARTICIPE PASSÉ IV	INDICATIF PRÉSENT V	PASSÉ DÉFINI VI	VII	INFINITIF PRÉSENT VIII	PARTICIPE PRÉSENT IX	PARTICIPE PASSÉ X	INDICATIF PRÉSENT XI	PASSÉ DÉFINI XII
1	FRANÇAIS.	avoir	ayant	eu	J'ai	J'eus		être	étant	été	Je suis	Je fus
2	LATIN.	habere	habens	habitus	Ego habeo	Ego habui		esse			Ego sum	Ego fui
3	ANGLAIS.	to have	having	had	I have	I had		to be	being	been	I am	I was
4	ALLEMAND.	haben	habend	gehabt	Ich habe	Ich hatte		sein	seiend	gewesen	Ich bin	Ich war
5	ESPAGNOL.	haber	habiendo	habido	Yo he	Yo hube		ser	siendo	sido	Yo soy	Yo fui
6	ITALIEN.	avere	avendo	avuto	Io ho	Io ebbi		essere	essendo	stato	Io sono	Io fui
	PRONOMS Sing. 1re Pers.	... 2e p.	... 3e p.	Plur. 1re p.	... 2e p.	... 3e p.	PRONOMS Sing. 1re Pers.	... 2e p.	... 3e p.	Plur. 1re p.	... 2e p.	... 3e p.
7	J'	Tu	Il	Nous	Vous	Ils	Je	Tu	Il	Nous	Vous	Ils
8	Ego	Tu	Ille	Nos	Vos	Illi	Ego	Tu	Ille	Nos	Vos	Illi
9	I	Thou	He	We	You	They	I	Thou	He	We	You	They
10	Ich	Du	Er	Wir (s)	Ihr	Sie	Ich	Du	Er	Wir	Ihr	Sie
11	Yo	Tú	El	Nosotros	Vosotros	Ellos	Yo	Tu	El	Nosotros	Vosotros	Ellos
12	Io	Tu	Egli	Noi	Voi	Eglino	Io	Tu	Egli	Noi	Voi	Eglino
	IND. PRÉS. Sing. 1re p.	... 2e p.	... 3e p.	Plur. 1re p.	... 2e p.	... 3e p.	IND. PRÉS. Sing. 1re p.	... 2e p.	... 3e p.	Plur. 1re p.	... 2e p.	... 3e p.
13	ai	as	a	avons	avez	ont	suis	es	est	sommes	êtes	sont
14	habeo	habes	habet	habemus	habetis	habent	sum	es	est	sumus	estis	sunt
15	have	hast	has	have	have	have	am	art	is	are	are	are
16	habe	hast	hat	haben	habt	haben	bin	bist	ist	sind	seid	sind
17	he	has	ha	hemos	habeis	han	soy	eres	es	somos	sois	son
18	ho	hai	ha	abbiamo	avete	hanno	sono	sei	è	siamo	siete	sono
	PASS. DÉF. Sing. 1re p.	... 2e p.	... 3e p.	Plur. 1re p.	... 2e p.	... 3e p.	PASS. DÉF. Sing. 1re p.	... 2e p.	... 3e p.	Plur. 1re p.	... 2e p.	... 3e p.
19	eus	eus	eut	eûmes	eûtes	eurent	fus	fus	fut	fûmes	fûtes	furent
20	habui	habuisti	habuit	habuimus	habuistis	habuerunt	fui	fuisti	fuit	fuimus	fuistis	fuerunt
21	had	hadst	had	had	had	had	was	wast	was	were	were	were
22	hatte	hattest	hatte	hatten	hattet	hatten	war (s)	warst	war	waren	wart (e)	waren
23	hube	hubiste	hubo	hubimos	hubisteis	hubieron	fui	fuiste	fué	fuimos	fuisteis	fueron
24	ebbi	avesti	ebbe	avemmo	aveste	ebbero	fui	fosti	fu	fummo	foste	furono

Nos	FRANÇAIS-ANGLAIS	ALLEMAND	ESPAGNOL-ITALIEN
25	Bonjour, Madame. (t)	Guten Tag, Madame.	Buenos dias, Senora.
26	Good day, Madam. (t)	Guten Tag, Madame.	Buon di, Signora.
27	Bonjour, Monsieur.	Guten Tag, mein Herr.	Buenos dias, Señor, ou Caballero.
28	Good day, sir.	Guten Tag, mein Herr.	Buon di, Signore.
29	Comment vous portez-vous?	Wie befinden Sie sich?	¿Como está usted?
30	How do you do?	Wie befinden Sie sich?	Come sta?
31	Très-bien, je vous remercie.	Sehr wohl, Ich danke Ihnen.	Muy bien, gracias.
32	Very well, thank you.	Sehr wohl, Ich danke Ihnen.	Benissimo, vi ringrazio.
33	Adieu. — Farewell.	Leben Sie wohl. — Leben Sie wohl.	Adios, — addio.

EN PRÉPARATION

D'après le même système

Signolégie française, ou Traité de prononciation et de lecture, appliqué spécialement à cette langue, à l'usage des Français.

Signolégie française, à l'usage des Etrangers (texte Anglais, Allemand, Espagnol ou Italien).

Signolégie Latine, Anglaise, Allemande, Espagnole, Italienne, à l'usage des Français et des Etrangers (un traité distinct pour chaque langue).

www.ingramcontent.com/pod-product-compliance
Ingram Content Group UK Ltd.
Pitfield, Milton Keynes, MK11 3LW, UK
UKHW022208070726
13613UKWH00004B/1538

9 782019 988999